Qué se hace en una granja

por Helen Gregory

Consultora:
Adria F. Klein, Ph.D.
California State University, San Bernardino

capstone
classroom
Heinemann Raintree • Red Brick Learning
division of Capstone

Hay muchas clases de granjas. Algunas granjas tienen acres de trigo que se mecen con la brisa del verano.

Una granja arrocera podría tener muchos arrozales. Un arrozal es un campo húmedo. El arroz crece en tallos largos parecidos a la hierba.

Algunas granjas cultivan fruta.

Esta granja cultiva naranjas. Estas hileras de árboles son un huerto de naranjos.

Algunas granjas son grandes. Esta granja produce muchas clases de cultivos.

Algunas granjas son pequeñas. Esta granja cultiva tomates.

Algunas granjas necesitan clima muy cálido. Las piñas crecen solamente donde hace calor.

Las granjas que cultivan bananas también necesitan clima cálido. Esta granja se encuentra en la selva tropical.

Otras granjas necesitan clima frío. Las calabazas crecen mejor donde hace frío.

Una granja que cultiva manzanas también necesita clima frío.

Algunas granjas tienen ganado. En esta granja, los animales son importantes.

Las granjas lecheras
crían vacas.
Las vacas dan la leche.

Las granjas avícolas crían gallinas y pavos. Las gallinas ponen huevos.

En las granjas mixtas, tanto los animales como los cultivos son importantes para los granjeros.

Algunas granjas son un pasatiempo para sus dueños. Los mismos las tienen simplemente para divertirse.